Bahar Hamzehpour

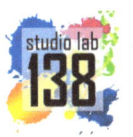

Organizzazione e cura:

 Studio Lab 138
Laura Giovanna Bevione

Con il patrocinio di:

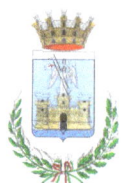 Comune di Castel Gandolfo

Comune di Albano Laziale

Si ringraziano per la collaborazione:

Mara Bevione
Graziella Lupieri
Valeria Stagni
Alessandro Toppi
Leonardo Toppi
Roberto Toppi

Testi:

Laura Giovanna Bevione
Riccardo Ajossa

Grafica di
Laura Giovanna Bevione

Foto a pagina 33
Virginia Carbonelli

Indice

4 = *Tuba*, 2017
5 = *Storie*, Laura Giovanna Bevione
6 = *Mah*, 2017
7 = *Bahar, La forza, l'intuito, la sincerità*, Riccardo Ajossa
10 = *Ameneh*, 2017
11 = *Shilan*, 2017
12 = *Frough*, 2017
13 = *Narjes*, 2017
14 = *Halen*, 2017
15 = *Soghra*, 2017
16 = *Matrimonio*, 2018
17 = *Matrimonio*, 2018
18 = *Matrimonio*, 2018
19 = *Matrimonio*, 2018
20 = *Matrimonio*, 2018
21 = *Matrimonio*, 2018
22 = *Wargames*, Laura Giovanna Bevione
24 = *I Giochi*, 2018
25 = *I Giochi*, 2018
26 = *I Giochi*, 2018
27 = *I Giochi*, 2018
28 = *Ashoora*, Laura Giovanna Bevione
29 = *Ashoora*, 2018
30 = *Ashoora*, 2018
31 = *Ashoora*, 2018
32 = *Ashoora*, 2018
33 = *Ashoora*, 2018
35 = Bahar Hamzehpour, biografia

4

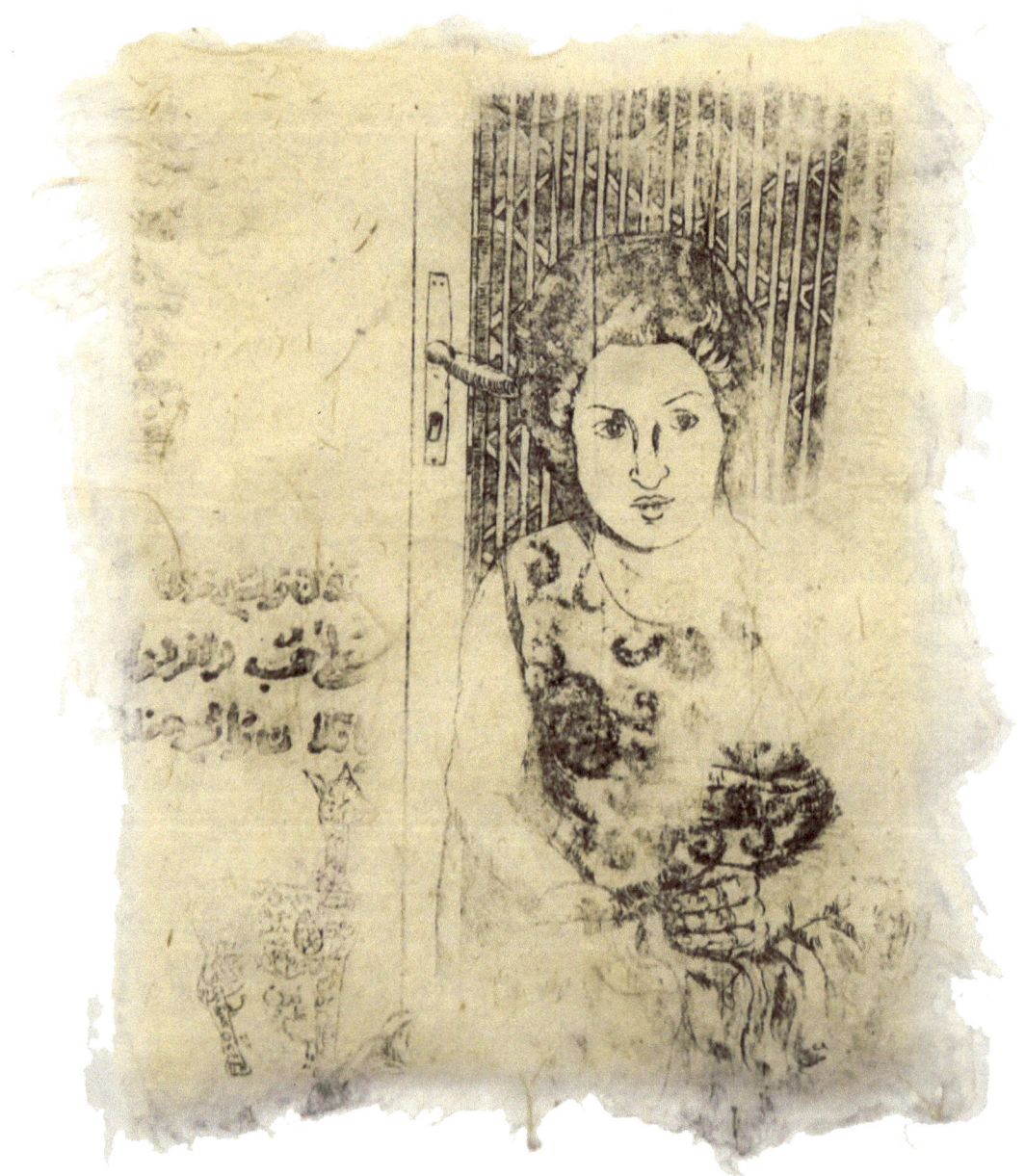

Tuba 2017 - incisione su carta fatta a mano, cm 15x13

Storie

Una delle componenti fondamentali per la costruzione della propria identità è la percezione sessuata di sè.
Diventata un nodo centrale di molte ricerche artistiche, la riflessione sull'identità di genere è sempre più diffusa e trasversale, affrontata da molti nomi illustri come Diane Arbus, Lisetta Carmi, in questi giorni in mostra a Roma, o Shirin Neshat, artista iraniana nota *a livello internazionale come una delle artiste contemporanee più rappresentative nell'esplorare la complessità delle condizioni sociali all'interno della cultura islamica*.[1]
Oggi in Iran, paese natale di Bahar Hamzehpour, con la crescita dell'istruzione, l'aumento dell'occupazione, la ridotta fecondità, e l'autonomia economica, le donne stanno acquisendo sempre maggiore indipendenza, per questo la sua riflessione sulla condizione femminile nelle società patriarcali, è uno sguardo tendenzialmente rivolto al passato.
Interessata ai temi sociali e alla condizione delle donne nelle comunità maschiliste, Bahar Hamzehpour, ha ritratto e intervistato donne che hanno vissuto all'ombra di un uomo: il padre, il fratello, il marito.
Nei suoi ritratti ci racconta la storia di vite vissute senza poter scegliere, mettendo in campo una riflessione sulle imposizioni sociali e i vincoli asimmetrici che le tradizioni e le regole sociali, impongono alle donne nelle società patriarcali, sotto tutti i cieli.
Storie recenti che, siamo fiduciose, saranno sempre più lontane nel tempo grazie alla silenziosa, quanto inarrestabile, rivoluzione del World Wide Web.
Perchè è ormai chiaro che, entrando in tutte le case, Internet sta trasformando la società da dentro, e dunque la vita delle donne, anche nei paesi dove la censura blocca pesantemente le comunicazioni.

Laura Giovanna Bevione
Studio Lab 138

---
1 https://www.artuu.it/2018/05/19/la-cultura-islamica-esplorata-dallartista-iraniana-neshat-shirin/artisti/

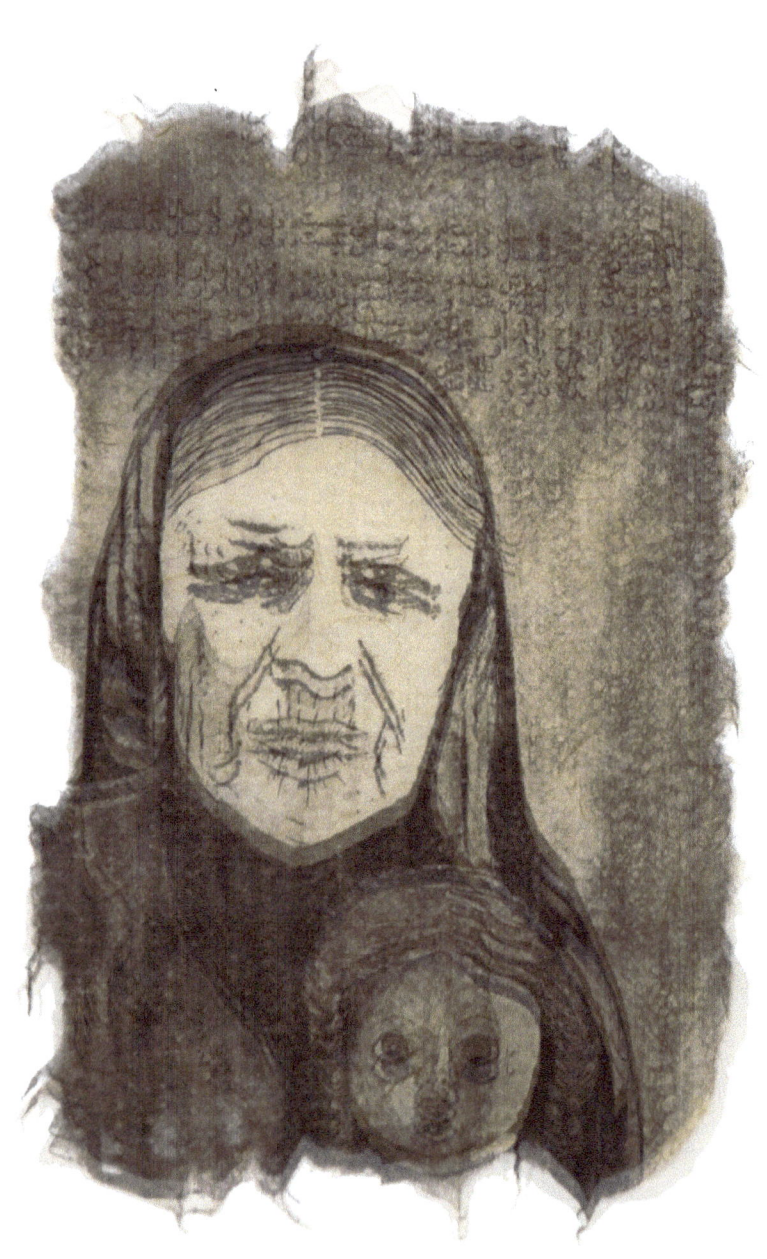

Mah 2017 - incisione su carta fatta a mano, cm 15x13

Bahar
La forza, l'intuito, la sincerità.

Era l'inizio del I semestre in Accademia. Bahar ha frequentato il laboratorio della carta del Dipartimento di Grafica d'Arte ed è stata rapidamente in grado di assimilare le gestualità di base, per trasformare la nozione in una cosa propria, profonda, intima, sua. Quello che vorremmo veder accadere alla maggior parte degli studenti che affollano le aule e i corridoi delle Accademie.
L'ambiente frenetico delle scadenze, degli spazi pieni, delle confidenze tra loro mentre attraversano velocemente il giardino, relazioni più intime se si tratta di stranieri o ragazzi fuori sede. Si stringono tra loro. La città è il veicolo che spesso li assorbe tra le amicizie incerte e un tessuto urbano anonimo e ce li restituisce Artisti in maniera rapida, inaspettata.
Gli anni più belli, molti di loro li chiameranno così, per altri, solo momenti di passaggio ridistribuiti poi nel mondo. Bahar è un'artista, si vedeva già dalla determinazione nello scegliere una sincerità sfrontata in ambiente didattico.
Il luogo delle cose fatte bene ma spesso di fragile motivazione per via della giovane età. La tecnica a discapito delle appena accennate convinzioni di creativi in formazione. Poi c'è Bahar che si distingue e scopre rapidamente la via per raccontarci la sua di storia, e non è una storia semplice, soprattutto descritta da studentessa. Esporsi, essere valutati, condividere con gli altri, vivere pienamente i luoghi di lavoro. Richiede determinazione. Quella delle persone che hanno la spinta per cambiare ciò che non ritengono giusto per loro e usano le nozioni, che imparano, per avere voce. Mi ha comunicato la sua fiducia e ho potuto finalmente essere io partecipe di una sua grande rivelazione. Parlare usando quegli strumenti tecnici quali l'incisione, la carta, il colore, che diventano indispensabili se si vogliono avere le parole per raccontare. L'arte attraverso la tecnica, non il contrario. Così è stato. Quello che in questi anni di lavoro ha deciso di utilizzare come strumento, si è trasformato subito in linguaggio e ha aperto, alla sua esperienza, le vie del racconto.
I volti e gli ambienti che descrive sono quelli delle donne che lei conosce personalmente, e che sono accomunate dal tragico destino di aver subito violenze. Spesso letali e riconducibili alla mano dell'uomo che avrebbe dovuto, potuto, prendersi cura di loro, accoglierle. Marito, padre, figlio, amante, persona viva in grado di decidere le sue azioni. Attuale.

La carta sulla quale le scene sono stampate l'ha fatta lei, dalla prima all'ultima fase della lavorazione. Queste opere, non "esistevano" prima della decisione di Bahar di farle vivere per raccontarci da donna la storia di altre donne.

Dalla creazione della carta sulla quale proiettare le sue visioni, quindi costruire uno "spazio protetto e fragile" che accoglie i ritratti, fino a ricercare la sua grande ispirazione leggendo e coltivando la conoscenza sulla cultura tradizionale Iraniana in relazione a queste storie di "famigliare" quotidianità. Le donne non hanno volto, sono tutte, siete tutte voi che osservate ora. Sono fantasmi che tornano per indicarci che la tragedia ha spesso la faccia dei momenti spensierati in famiglia.

Ovunque, in qualunque famiglia. In alcuni luoghi più di altri, essere donna significa essere di qualcuno, vivere per qualcuno, morire per qualcuno.

Queste opere che ci presenta sono incisioni, quindi tecnicamente ripetibili fino a quando possono essere stampate. Il messaggio che si moltiplica e viaggia, la grande forza di questa scelta stilistica. Non rischia di estinguersi. Ritorna tenacemente oltre qualunque censura o limite.

Bahar ha attraversato l'Europa. Un viaggio di Persepolis e ha guardato con gli stessi occhi meditando lungamente sulla condizione femminile della donna nella cultura medio orientale, e non solo. Le sue amiche oggi sono europee, Iraniane, orientali, occidentali e lei si confonde tra tutte, ha la voce e le parole di tutte. Lei è Iraniana e condivide con grande generosità il suo personale punto di vista sulla questione femminile, tema complesso da portare al pubblico, da descrivere a noi.

Le tecniche artistiche diventano nelle sue mani delle parole forti, di affermazione. Indagine, studio, ricerca, relazione con gli altri, di comprensione, ma mai sottomissione o rinuncia. Questa è la cosa che io personalmente amo di più.

Il coraggio di svelare apertamente le trame. Di disegnare le verità' che tutti immaginiamo. Sono felice di aver potuto in qualche modo contribuire a costruire questo linguaggio che si va via via definendo, perché lei ha cose da dire e deve poterlo fare in maniera continuativa ed in un ambiente protetto. L'ho osservata vivere lo spazio dei laboratori in tante forme differenti. Dalla figurazione alla performance. Da donna forte, energica. Le ho chiesto di condividere con le studentesse del corso il suo punto di vista dell'essere ragazza emancipata in Iran, attraverso l'arte e la performance. Ne è nato un coro di reciproci rimandi personali, di collaborazione, sostegno, gesti gentili, e finalmente vero. Lei ha insegnato attraverso la sua vita con i suoi strumenti dell'arte cosa significa parlare di se senza perdersi dentro se, mantenendo una lucida ed energica consapevolezza tra i pugni e il sorriso.

Io voglio poter assistere sempre a queste intime operazioni della forza dirompente che sfruttano gli strumenti che abbiamo nell'arte, per poter stravolgere il luogo comune.
Arte utile e mai superficiale. Forte e coraggiosa, che insegna e che porta lontano.
Io voglio poter assistere sempre a queste intime operazioni della forza dirompente che sfruttano gli strumenti che abbiamo nell'arte, per poter stravolgere il luogo comune. Voglio creare, sostenere e moltiplicare l'ambiente protetto dove Bahar possa esprimersi.
Sempre e senza mai avere timore perché saremo noi i guardiani a tutela di chi ha voglia di raccontare anche le verità scomode e senza mediazioni.
Voglio proteggere con gli strumenti nell'arte e non solo, chi si espone per portare a noi consumatori compulsivi d'immagini incapaci ormai di distinguere, ricordando che quello che a volte sembra disegno, come in questo caso, rappresenta invece una preziosa chiave di lettura da celebrare e proteggere tra le mani creando un luogo sicuro di profonda meditazione.
Ascoltiamo il messaggio, osserviamo con attenzione.

Riccardo Ajossa
Professore di Tecnologie della carta
presso
l'Accademia di Belle Arti di Roma

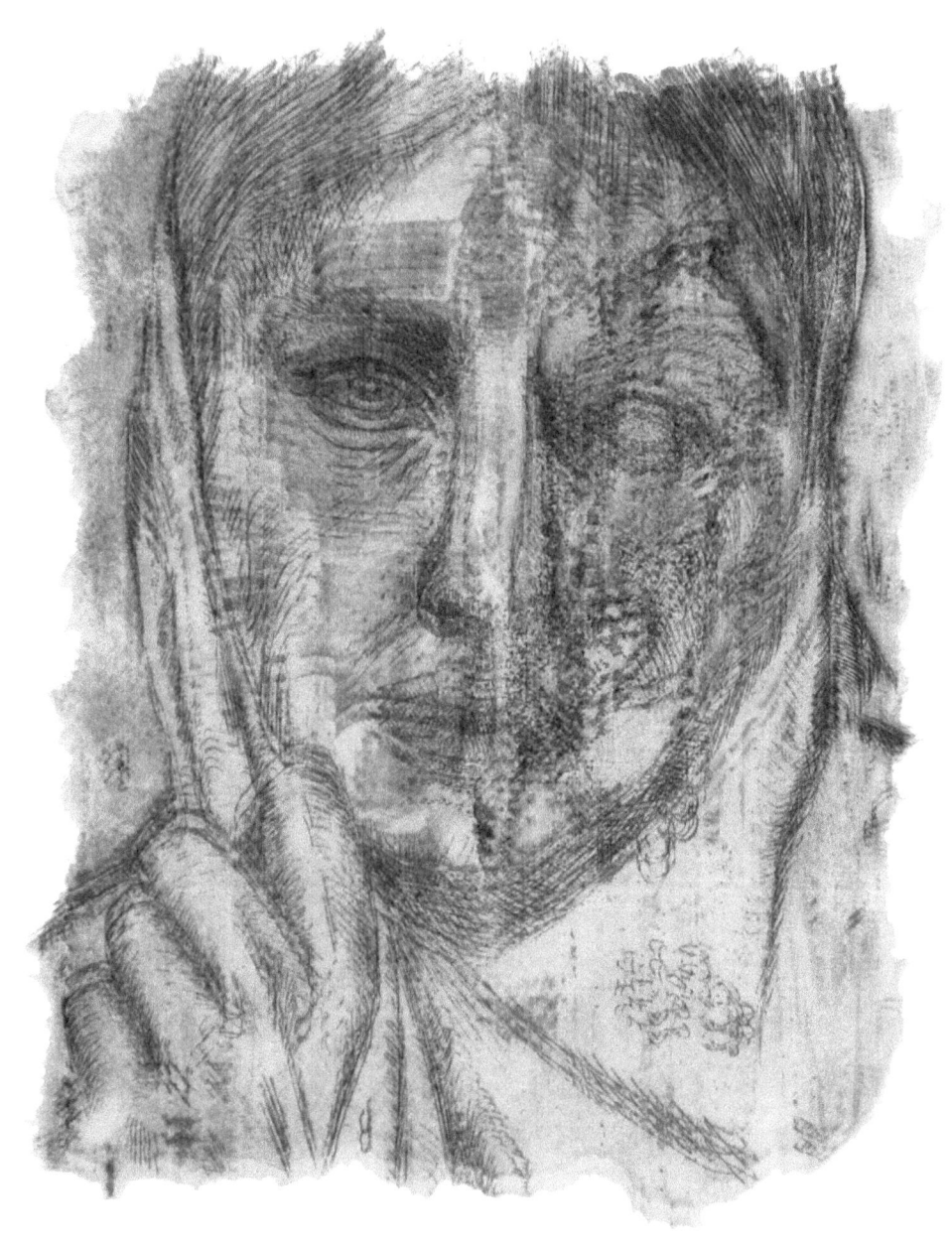

Ameneh 2017 - incisione su carta fatta a mano, cm 15x13

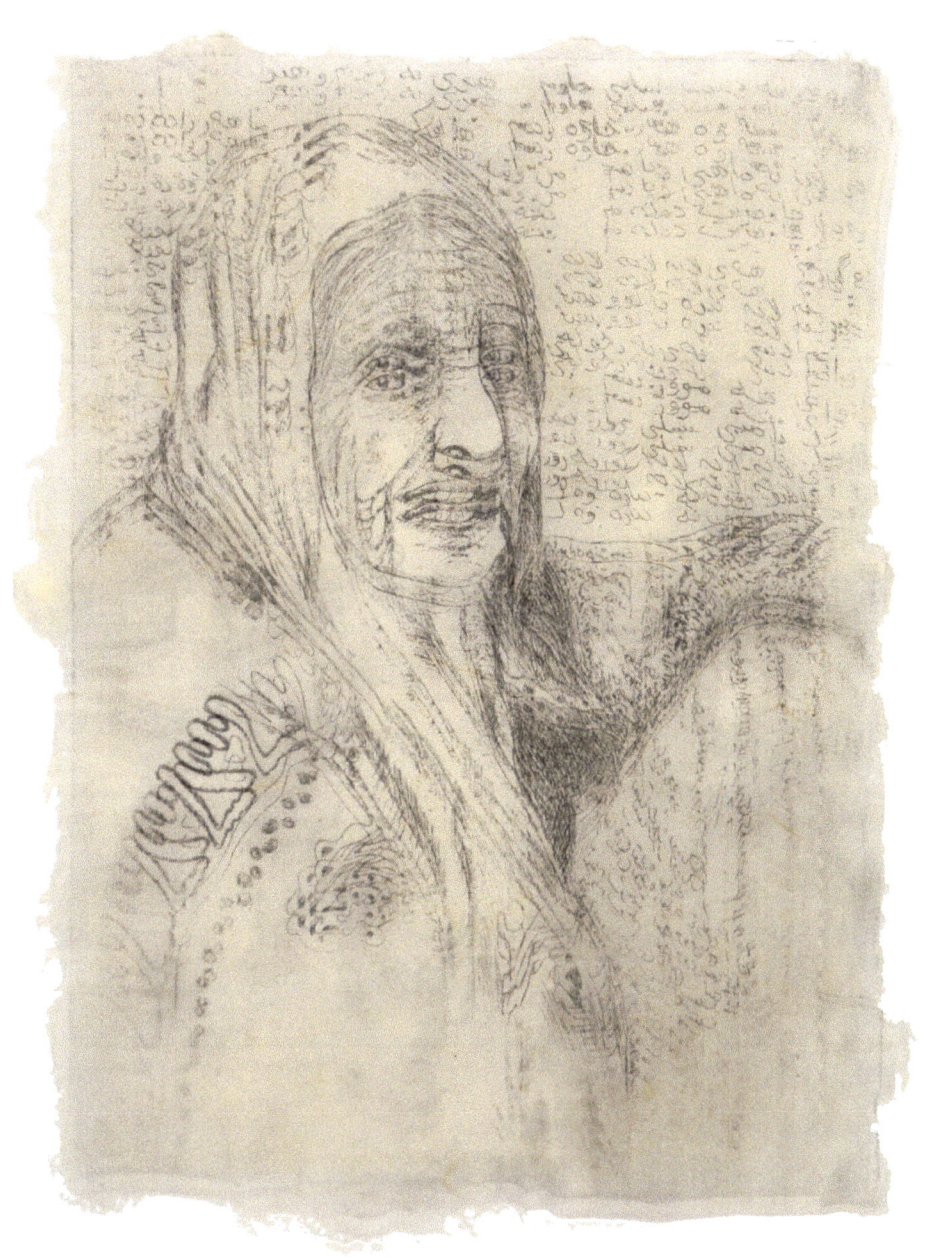

Shilan 2017 - incisione su carta fatta a mano, cm 15x13

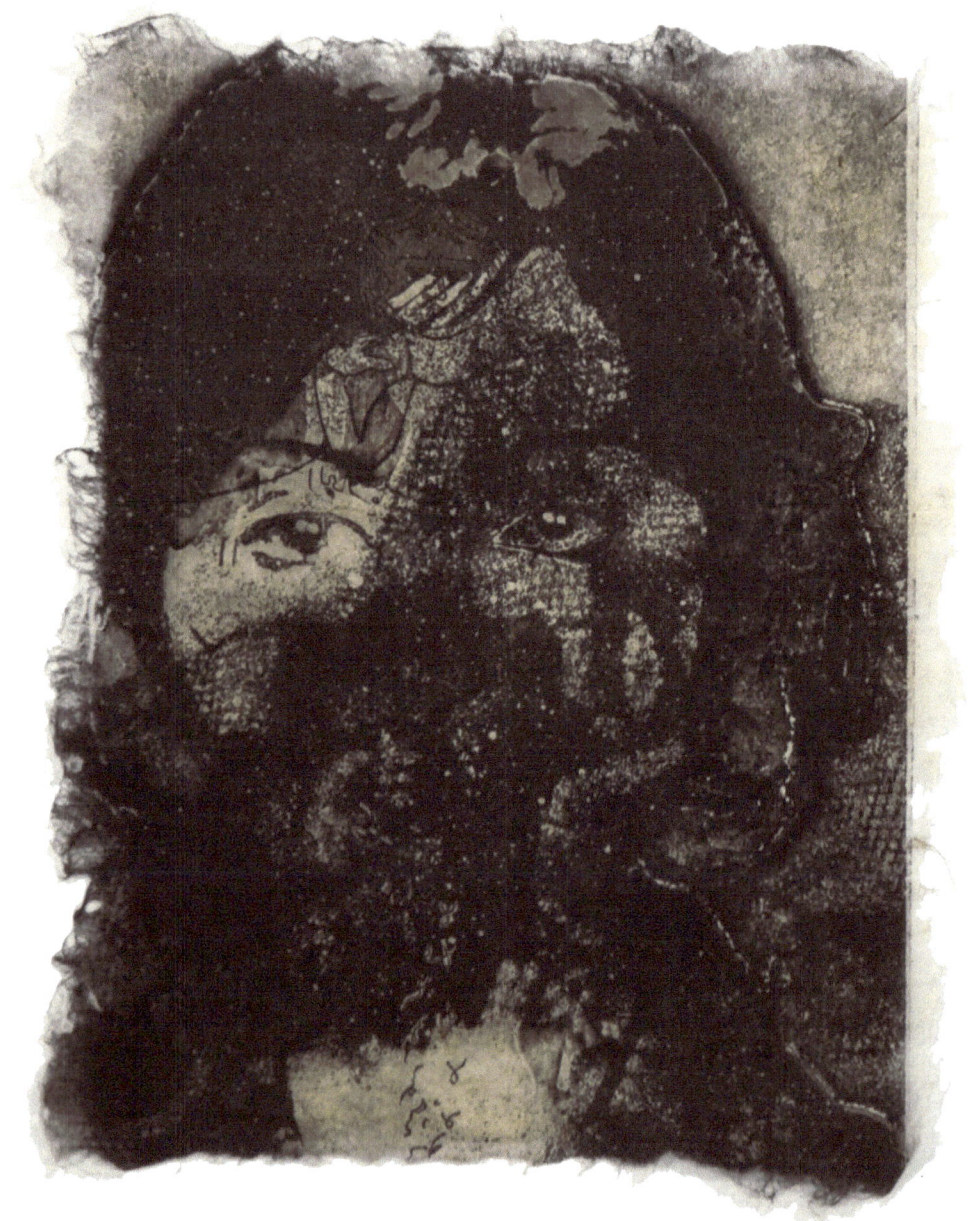

Frough 2017 - incisione su carta fatta a mano, cm 15x13

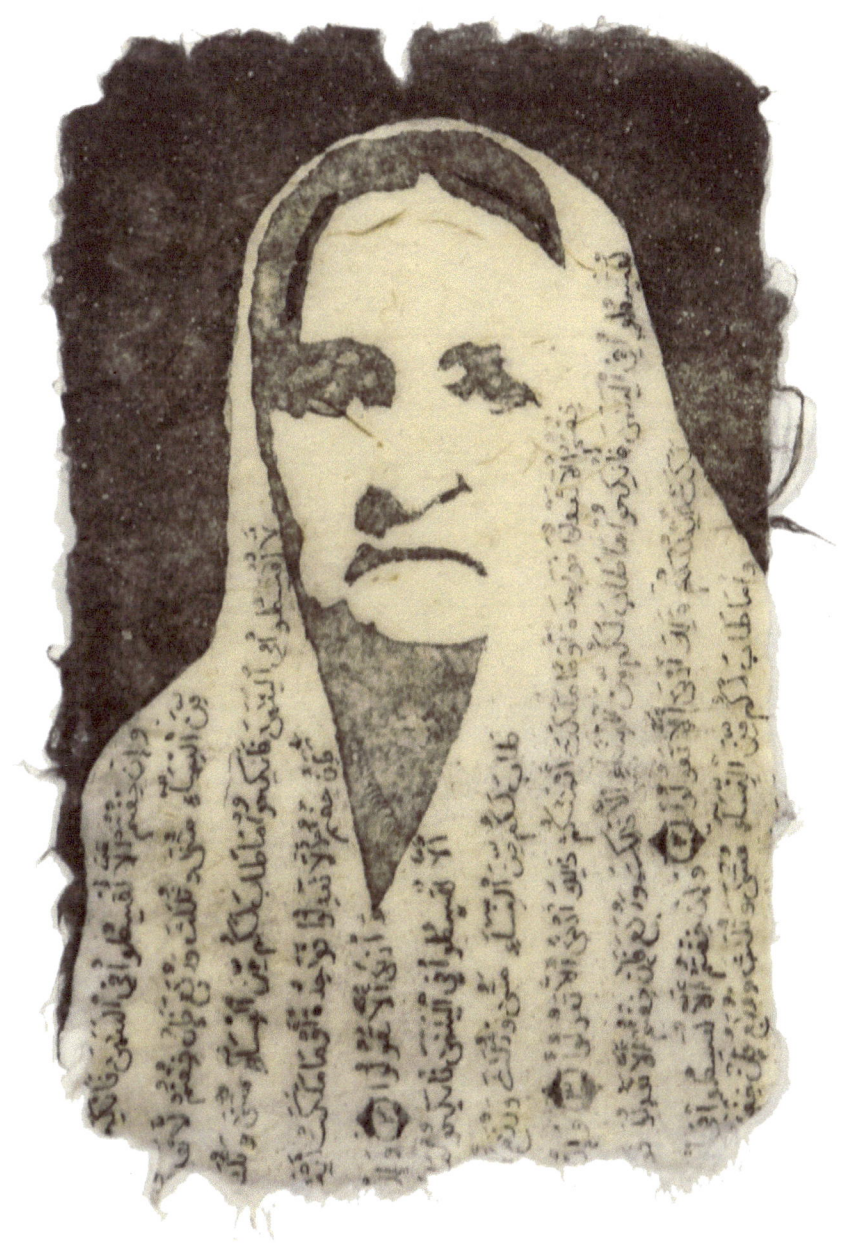

Narjes 2017 - incisione su carta fatta a mano, cm 15x13

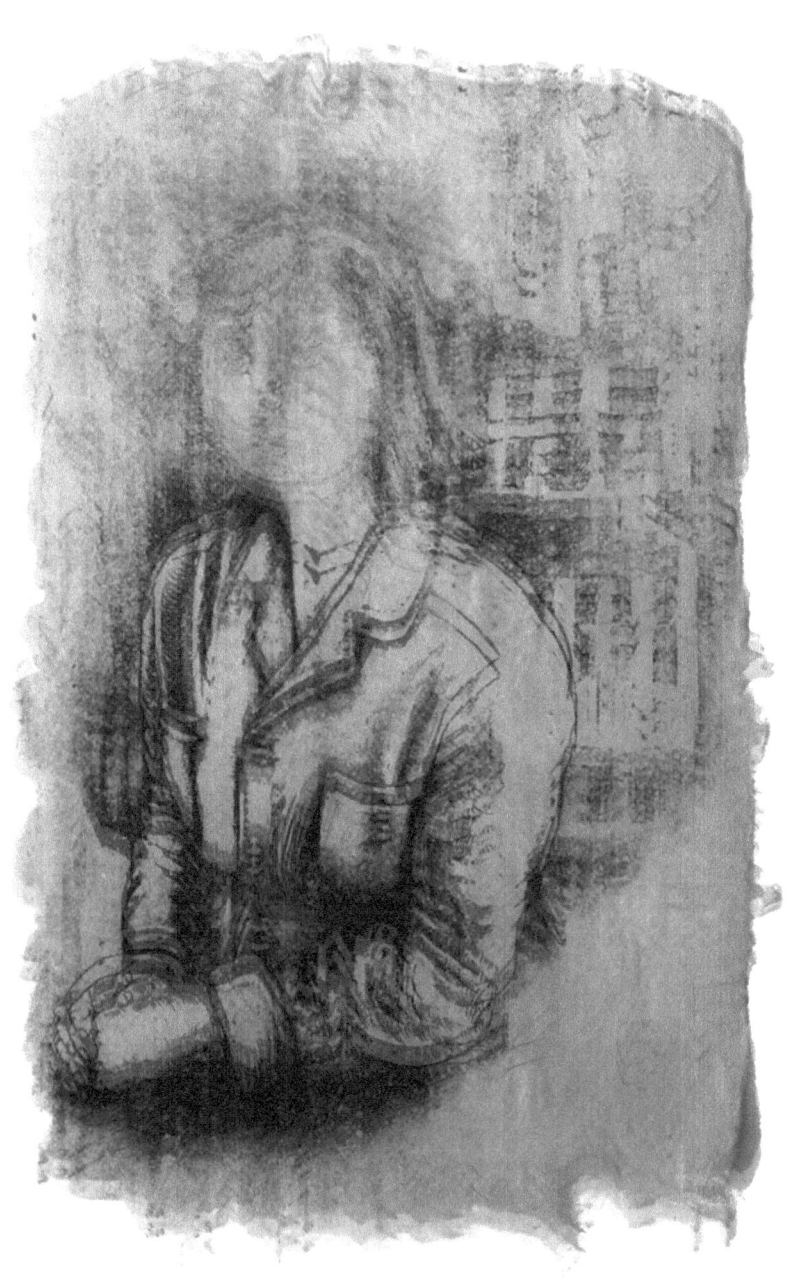

Halen 2017 - incisione su carta fatta a mano, cm 15x13

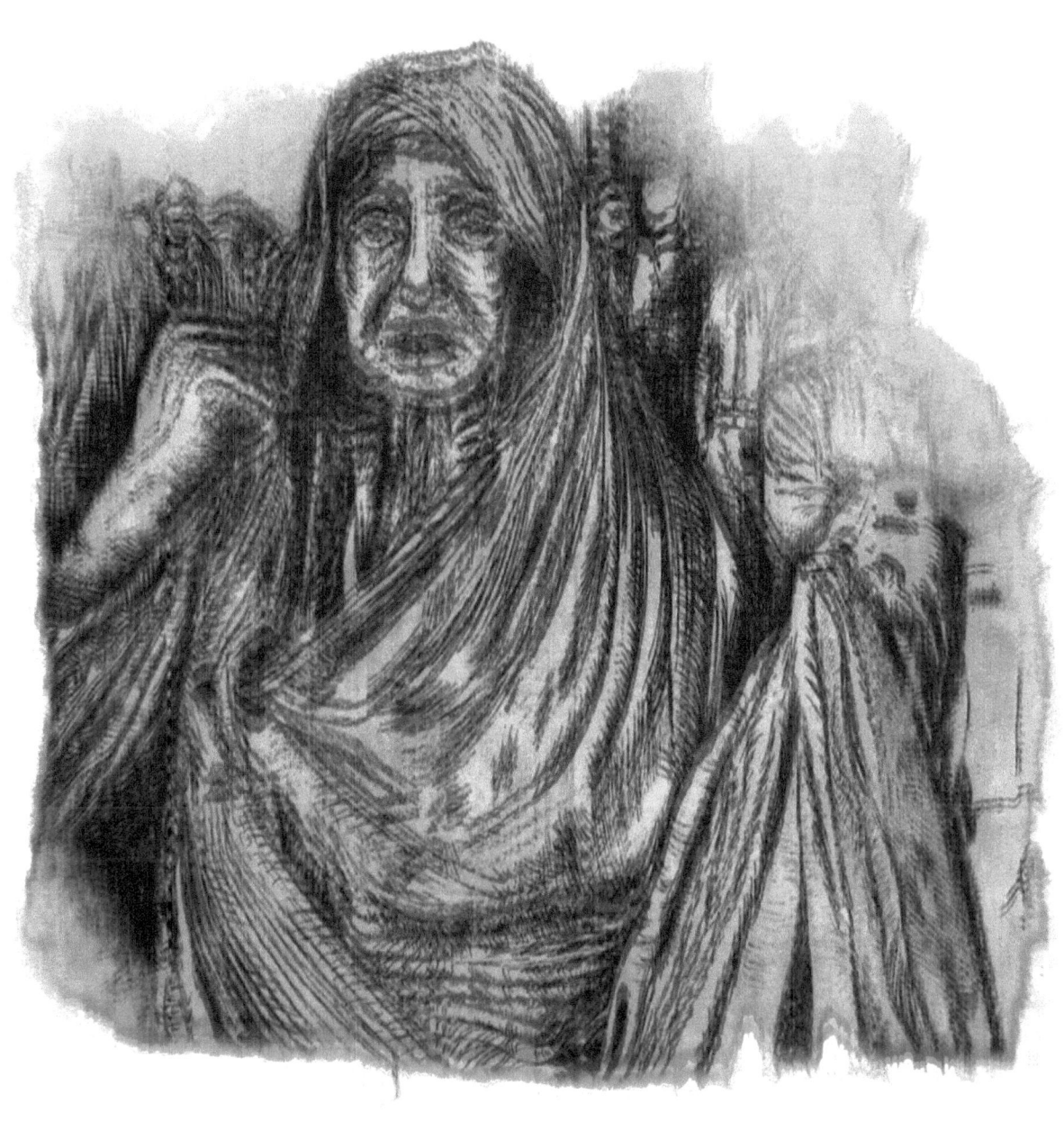

Soghra 2017 - incisione su carta fatta a mano, cm 15x13

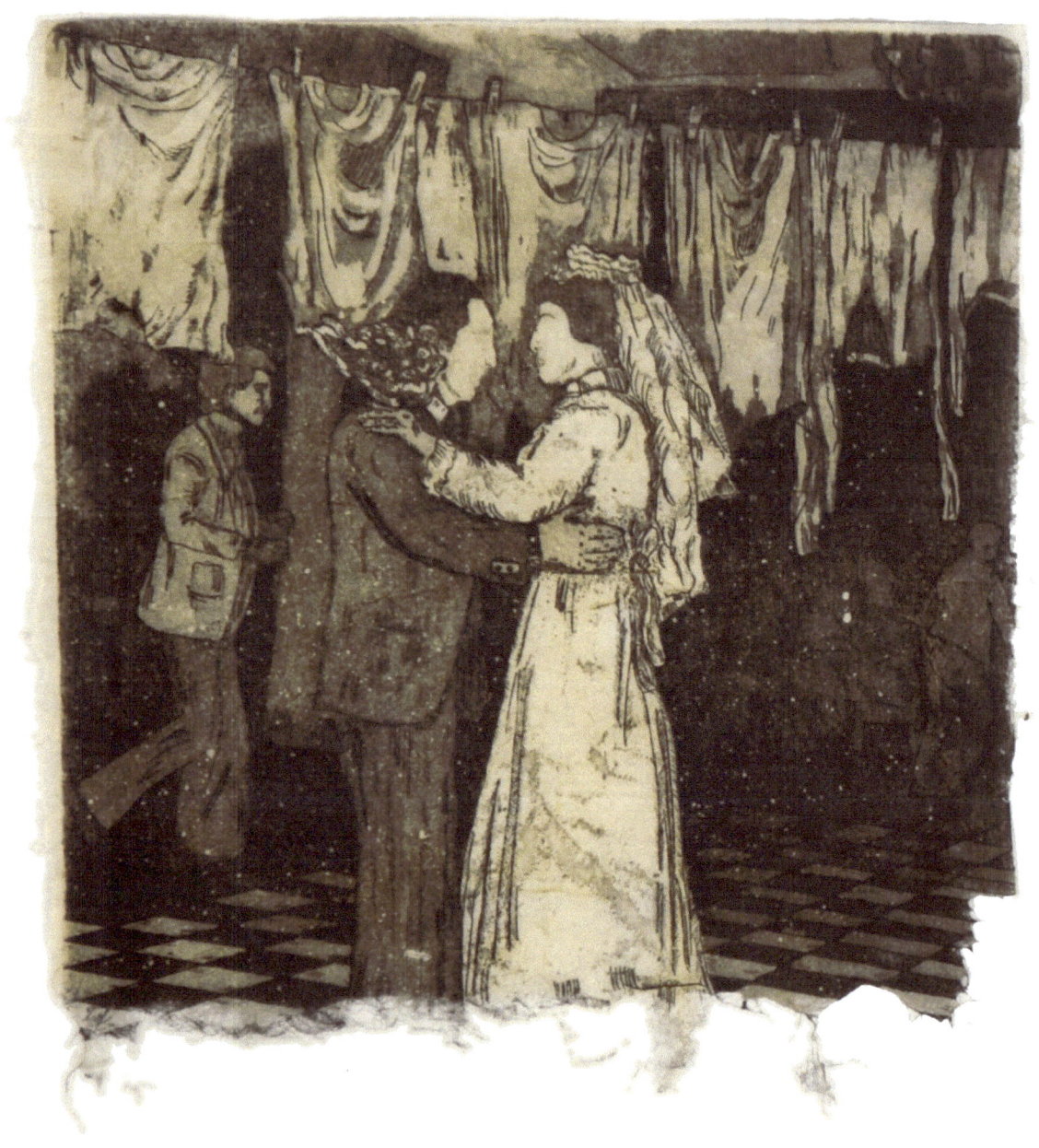

Matrimonio 2018 - incisione su carta fatta a mano, cm 15x15

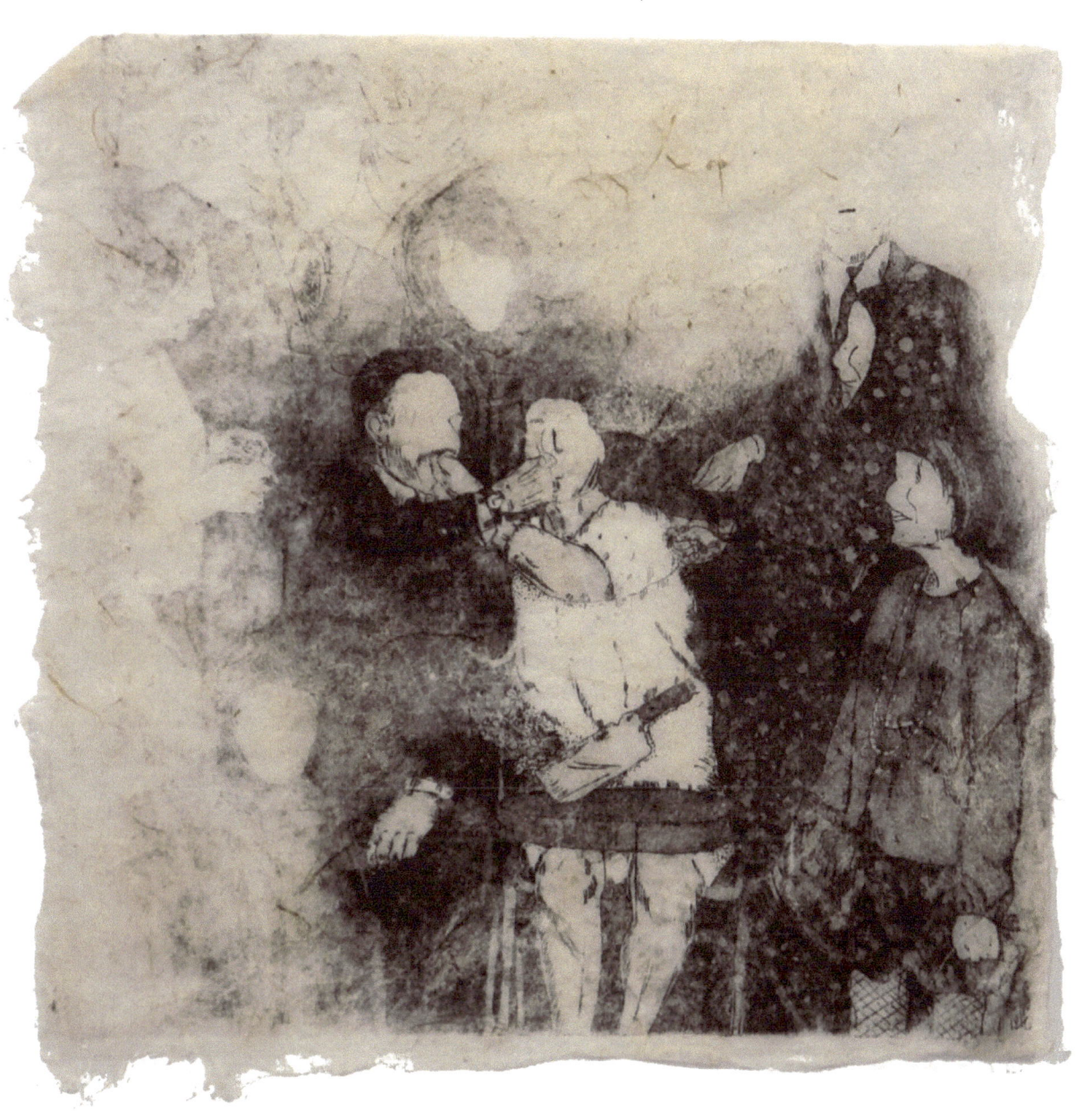

Matrimonio 2018 - incisione su carta fatta a mano, cm 15x15

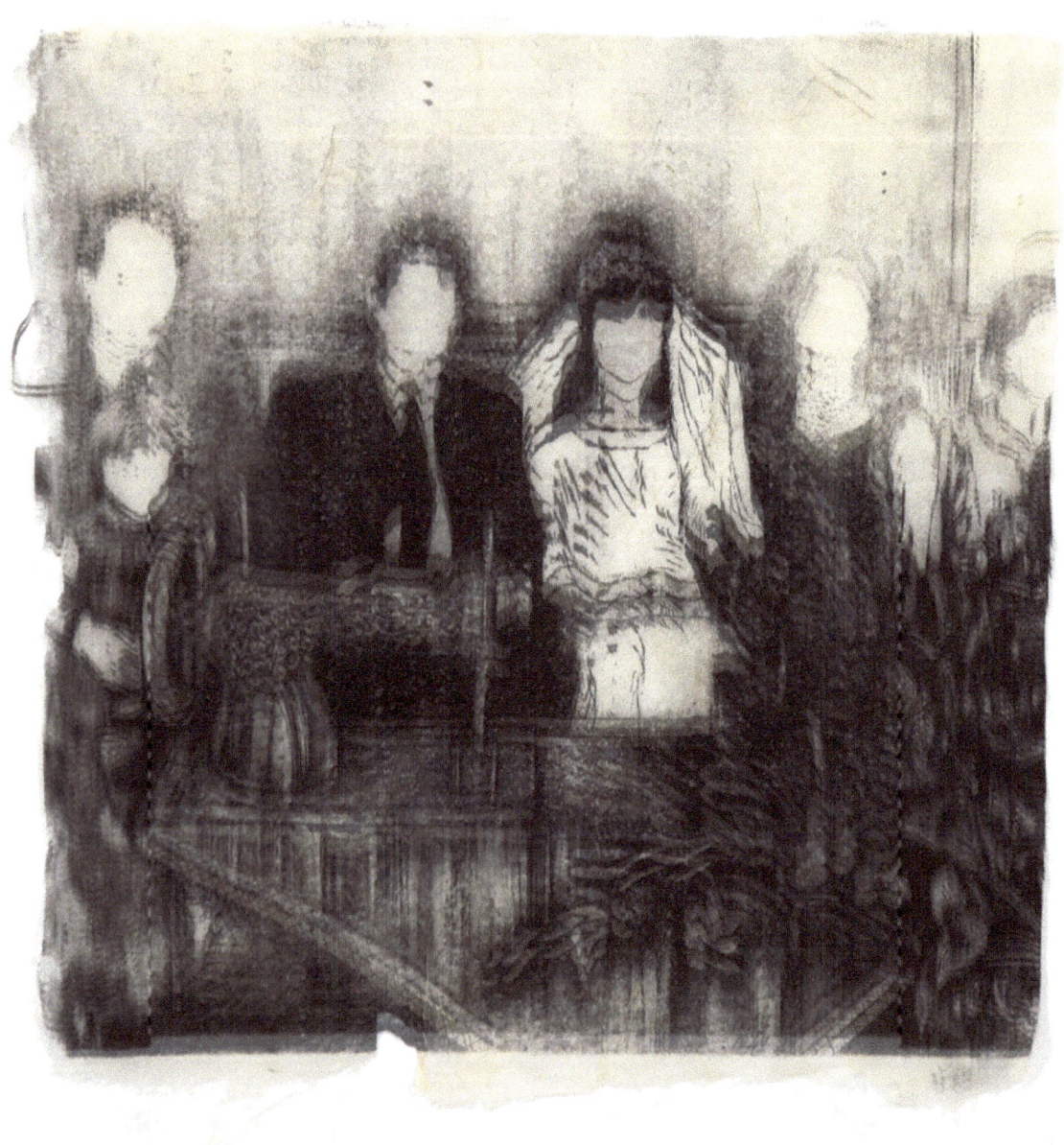

Matrimonio 2018 - incisione su carta fatta a mano, cm 15x15

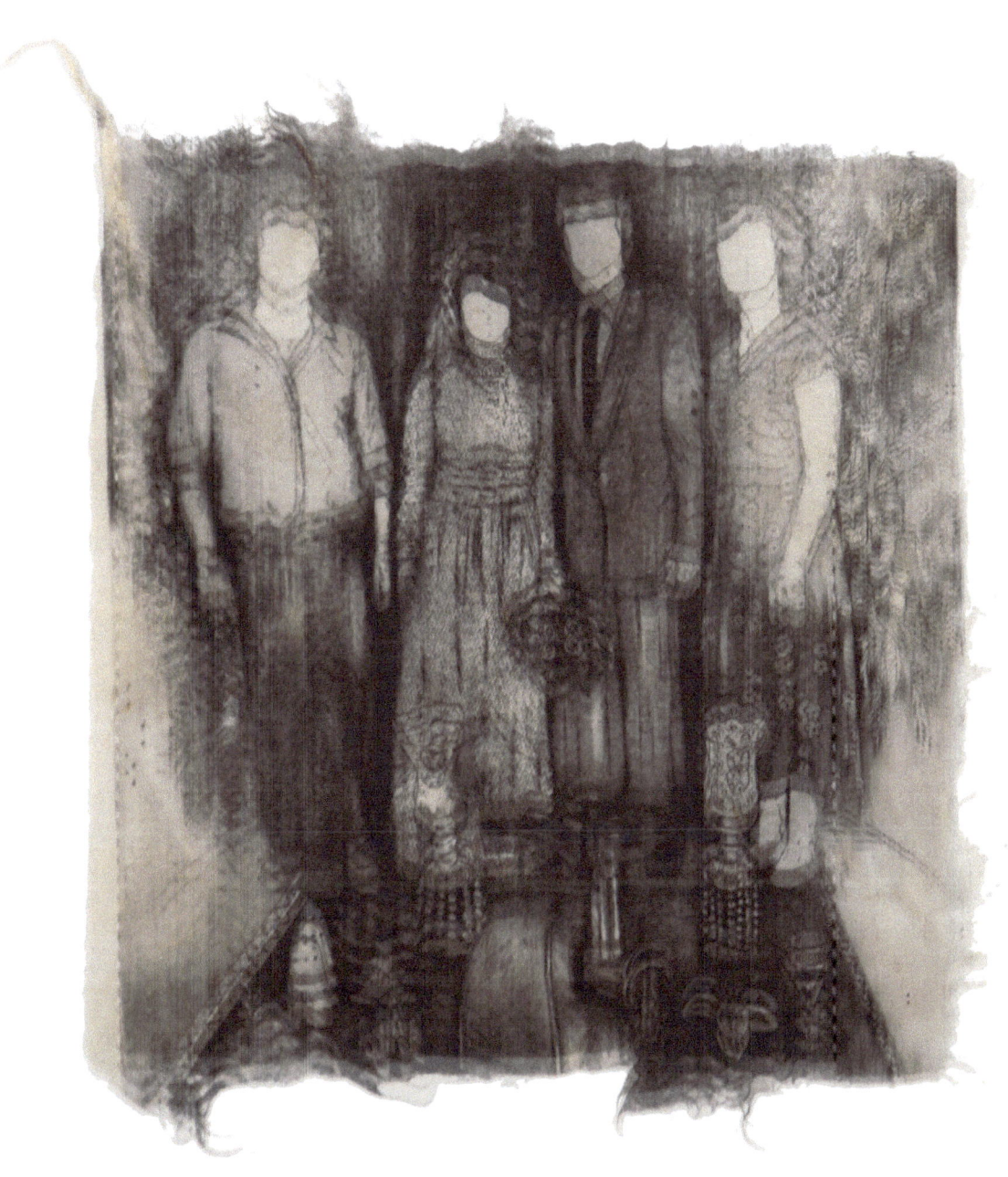

Matrimonio 2018 - incisione su carta fatta a mano, cm 15x15

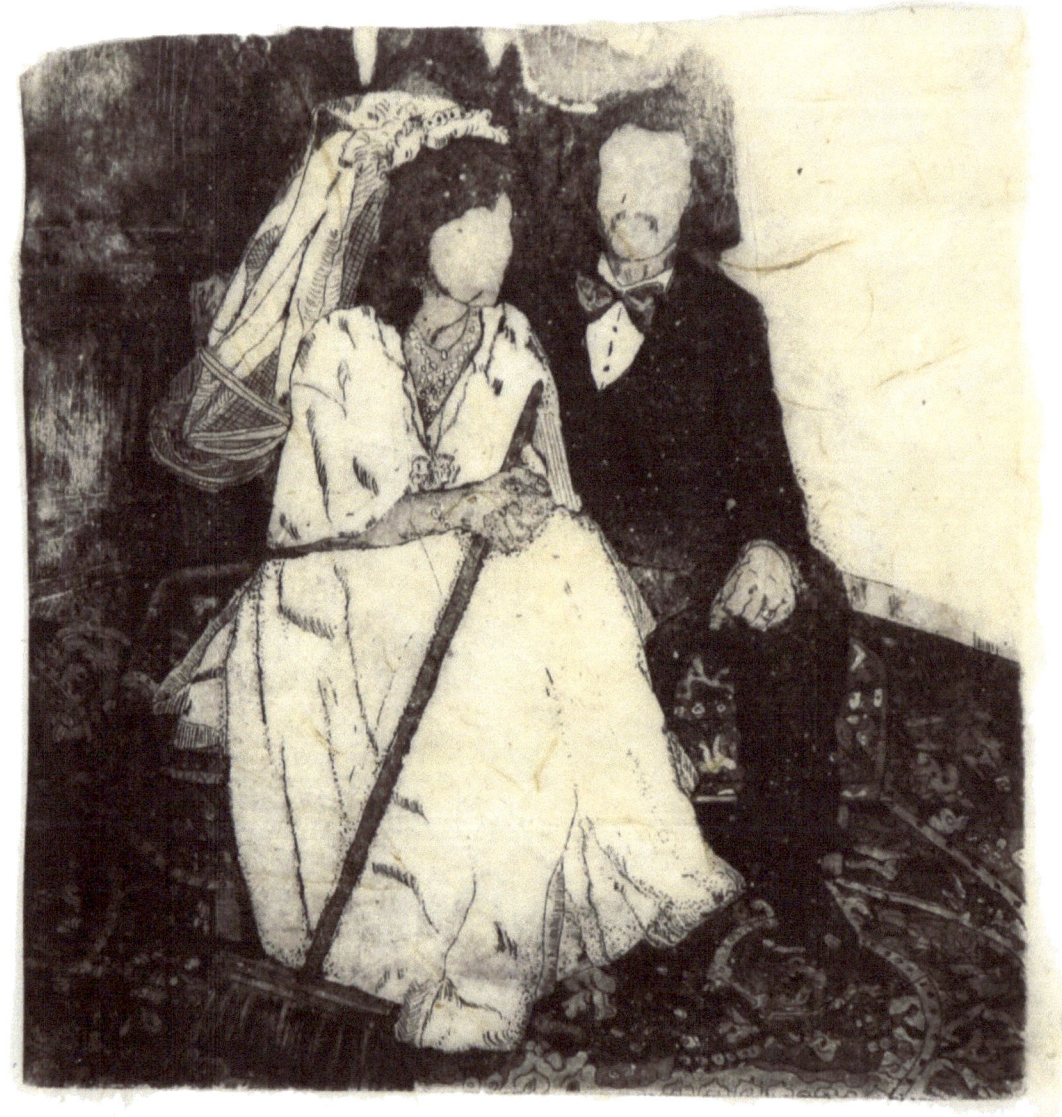

Matrimonio 2018 - incisione su carta fatta a mano, cm 15x15

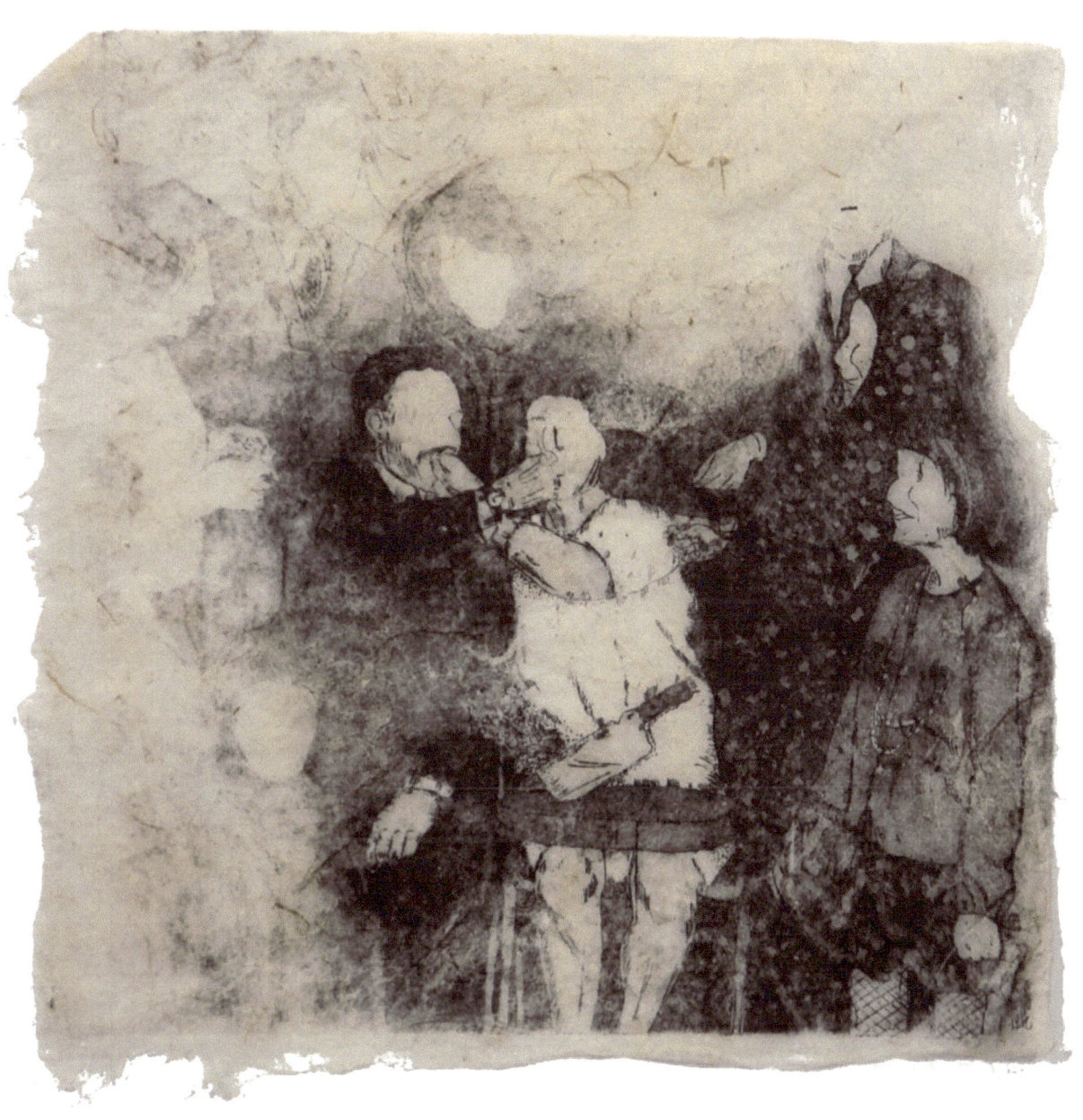

Matrimonio 2018 - incisione su carta fatta a mano, cm 15x15

Wargames

Il gioco è un'attività creativa che, come l'Arte, è organizzata intorno alla metafora.
In quanto rappresentazioni simboliche, definiscono i confini tra realtà e finzione, ci aiutano a contemplare diversi punti di vista, perché la loro apparenza visiva rimanda sempre a qualcos'altro.
Gli scontri all'ultima piuma, che da bambini, tra fratelli, sono pratica comune in tutte le case dove ci sono guanciali, è un'esperienza di gioco che permette di scaricare l'aggressività in modo sano.
Divertirsi con la lotta, è un comportamento istintivo che permette di conoscere meglio sé stessi e gli altri, ma sul piano della metafora, rimanda sempre alla guerra, allo scontro tra fratelli.
Ma nei luoghi del mondo, dove la guerra si fa per davvero, sono così distanti finzione e realtà? Con le sue serigrafie Bahar dice di no.

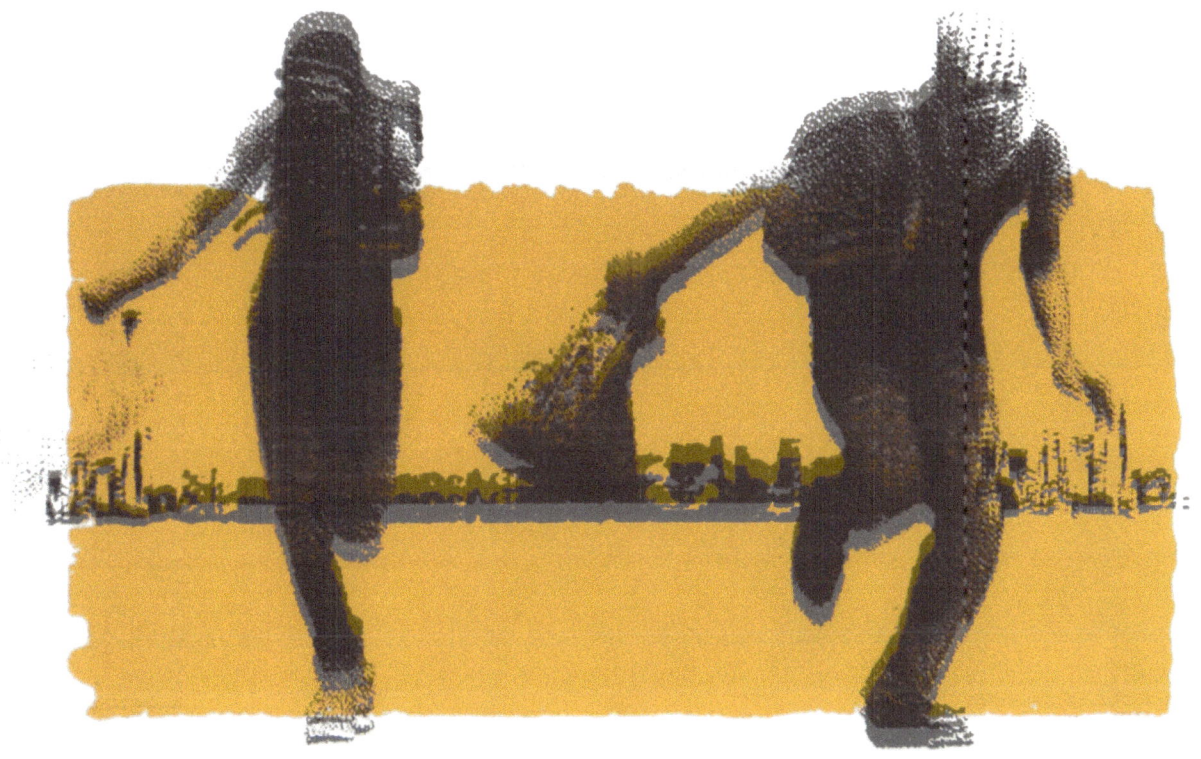

I Giochi 2018 - serigrafia, cm 42x30

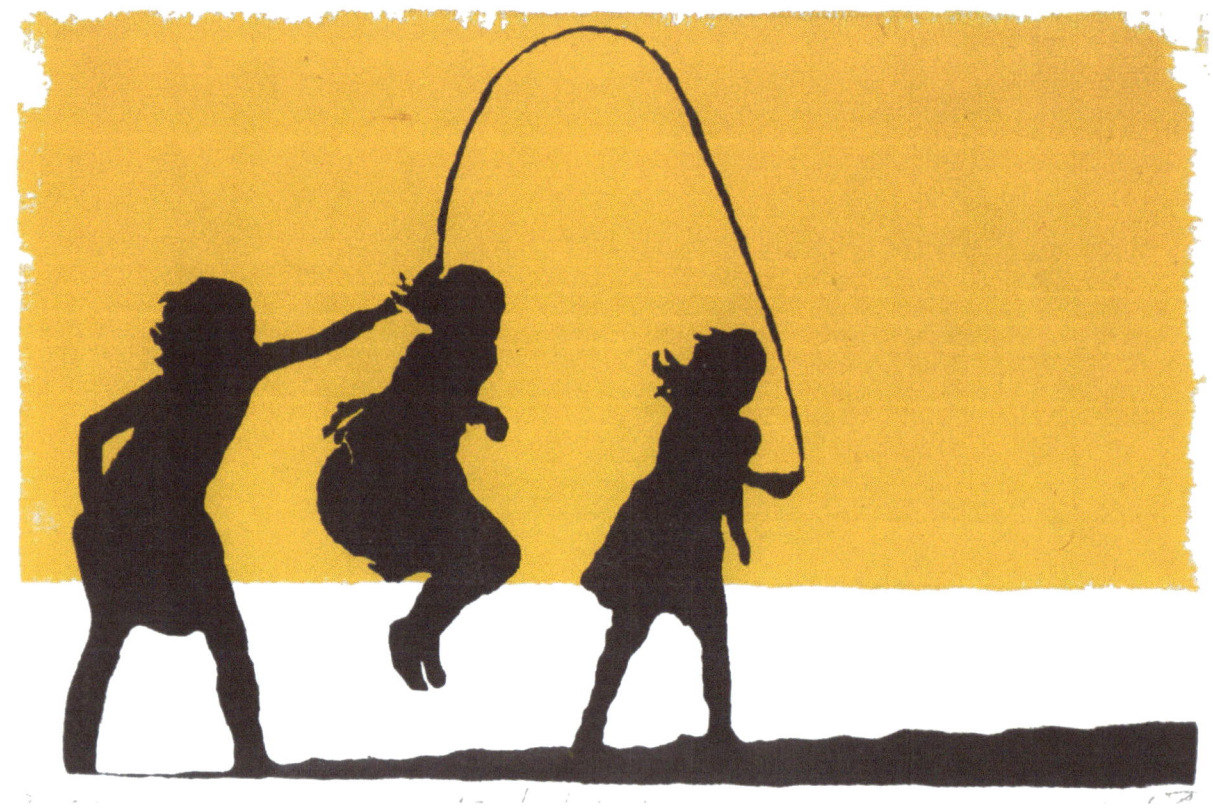

I Giochi 2018 - serigrafia, cm 42x30

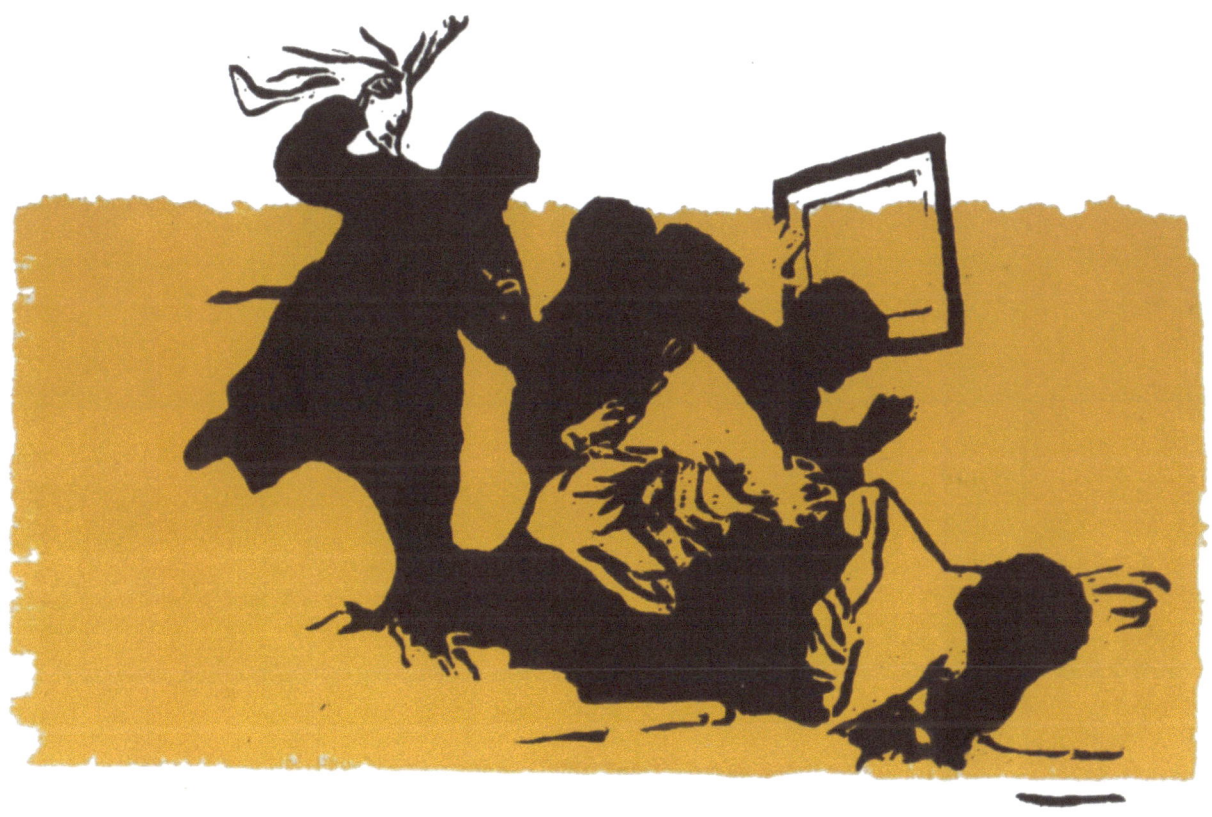

I Giochi 2018 - serigrafia, cm 42x30

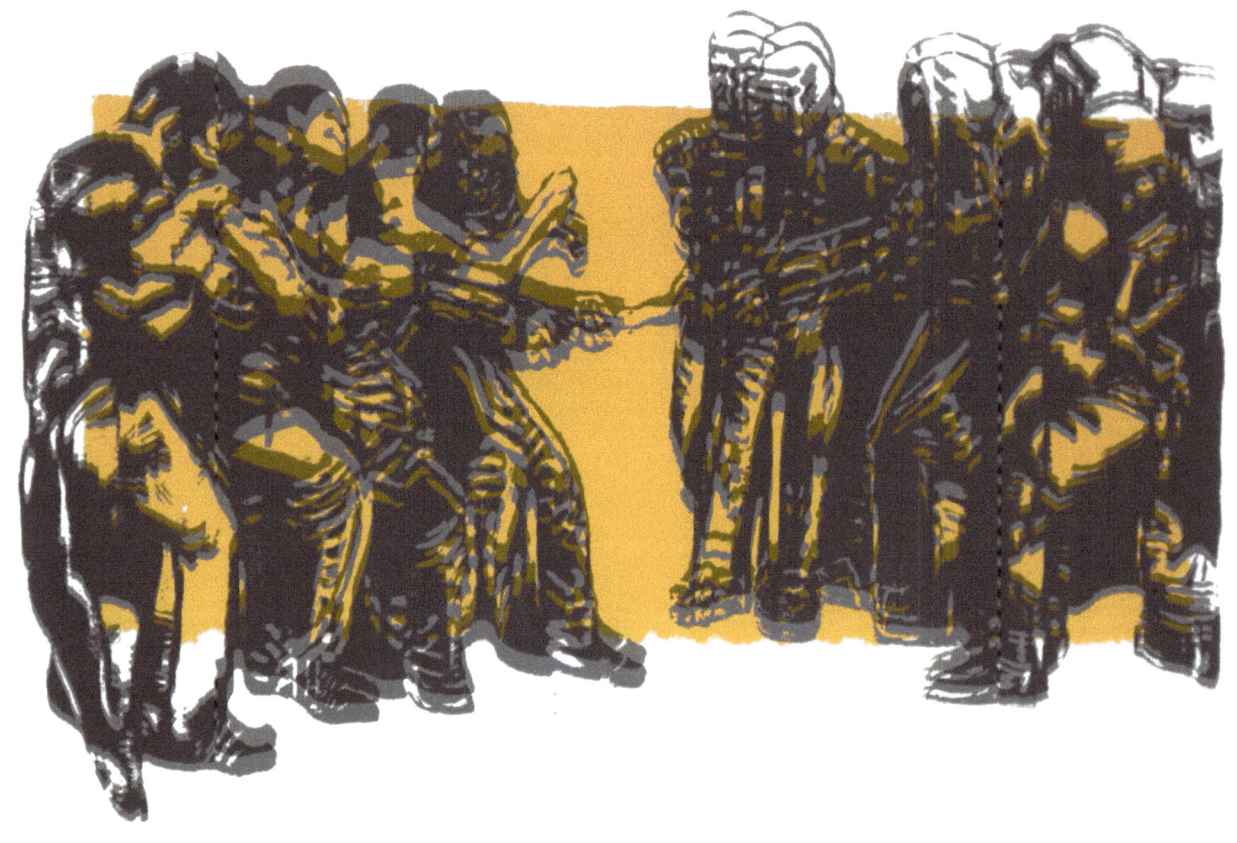

I Giochi 2018 - serigrafia, cm 42x30

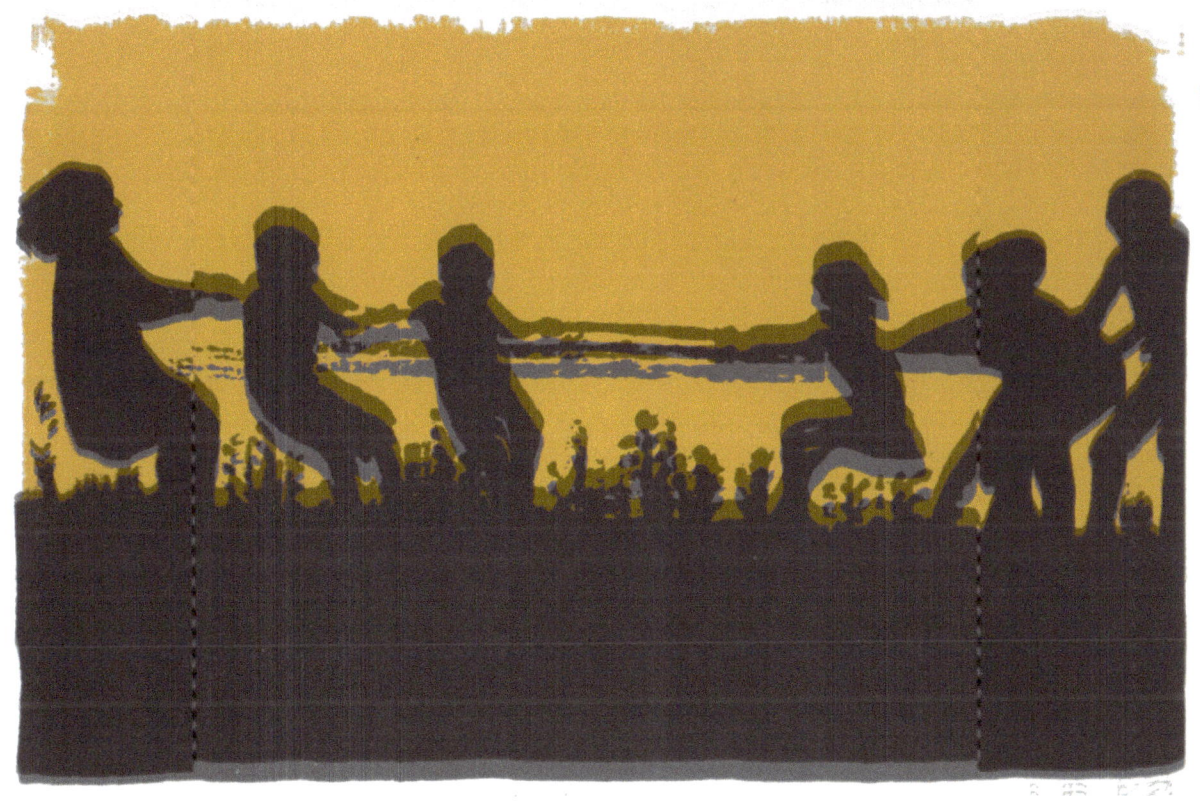

I Giochi 2018 - serigrafia, cm 42x30

Ashoora

Proseguendo la riflessione sulle asimmetrie di genere nelle società patriarcali, con la serie di xilografie *Ashoora*, Bahar pone la sua attenzione sulle differenze nella professione della fede tra uomini e donne.
In base al Corano le donne sono uguali agli uomini di fronte a Dio, nonostante ció, non c'è uguaglianza di diritti per i due sessi nella pratica religiosa, a partire dalla preghiera del venerdì, obbligatoria per gli uomini e solo auspicabile per le donne.
Yom Ashura o Ashura, è nel calendario islamico il decimo giorno del primo mese lunare, Muharram, una importante festività religiosa, celebrata con modalità diverse a seconda del paese e del ramo Islamico che la festeggia.
In Nord Africa è una festa gioiosa, molto simile al carnevale occidentale, nelle comunità sciite assume una valenza prevalentemente luttuosa, con processioni imponenti, da cui si levano canti e lamenti che narrano la tragedia di Karbala.
In memoria della uccisione di Hussein e delle torture inflitte ai membri della sua famiglia i credenti sciiti si autoflagellano battendo le mani sul petto o in testa, qualcuno di loro lo fa anche attraverso l'utilizzo di lame o catene, una pratica tradizionale non obbligatoria, consentita solo agli uomini.
Con i suoi lavori Bahar evidenzia questa disparità che non lascia spazio all'equivalenza e al pieno riconoscimento della personalità delle donne.

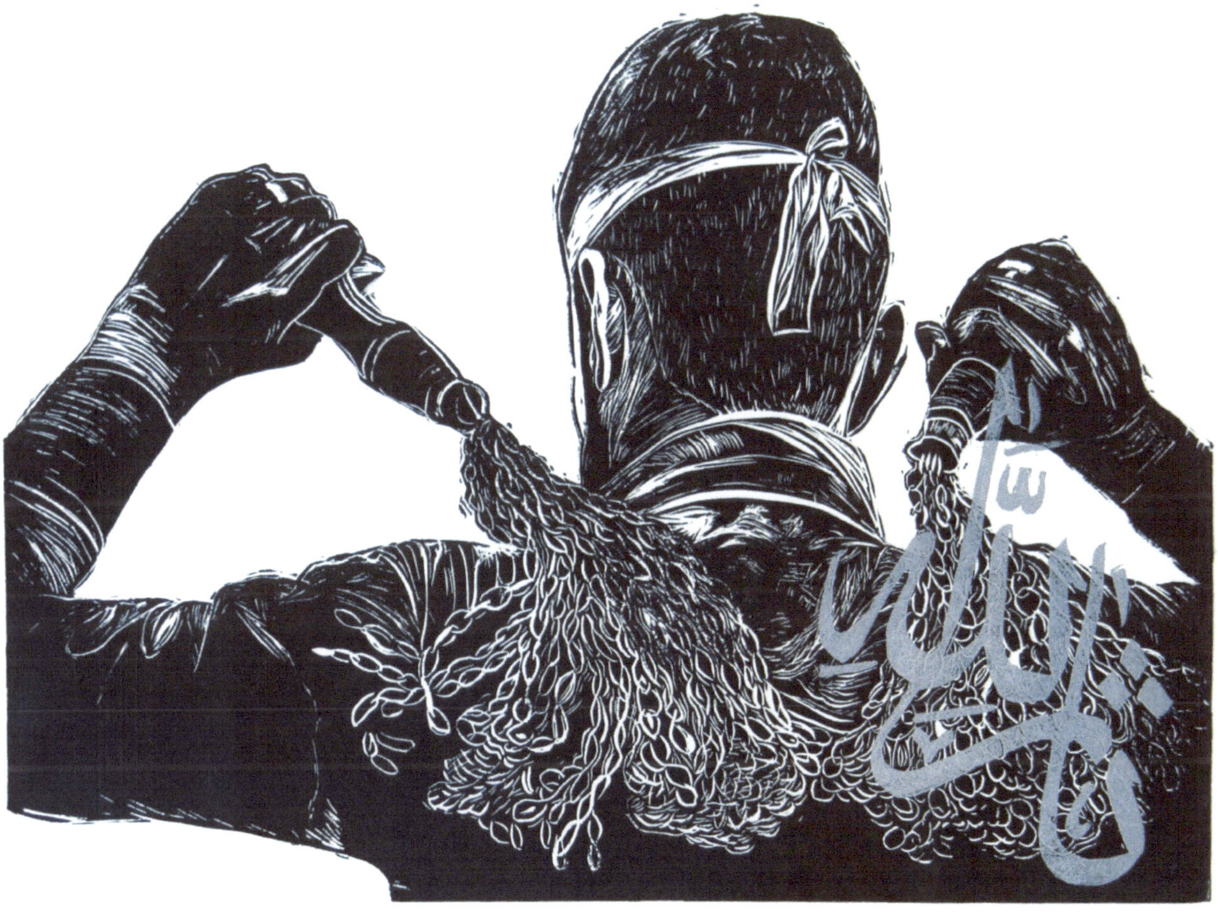

Ashoora 2018 - xilografia, cm 50x36

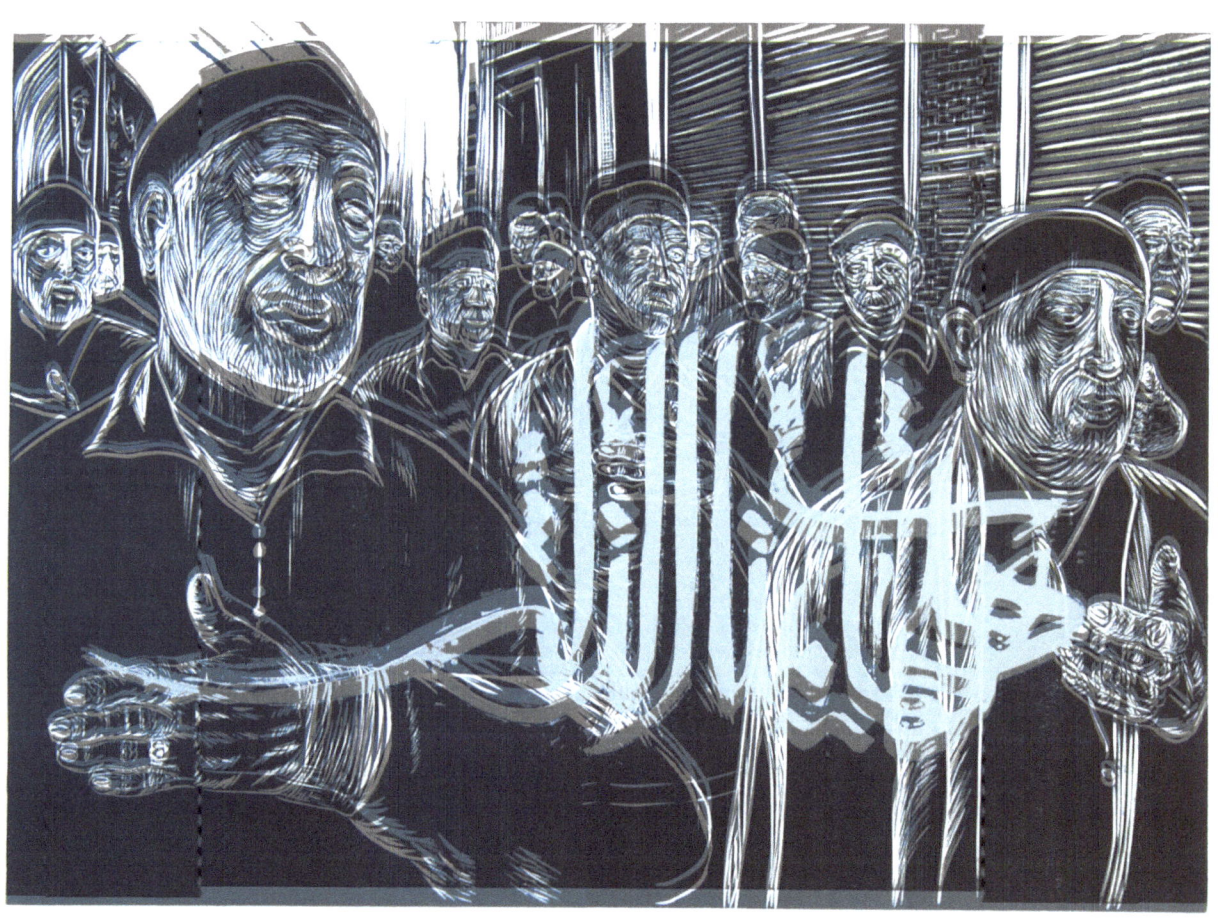

Ashoora 2018 - xilografia, cm 50x36

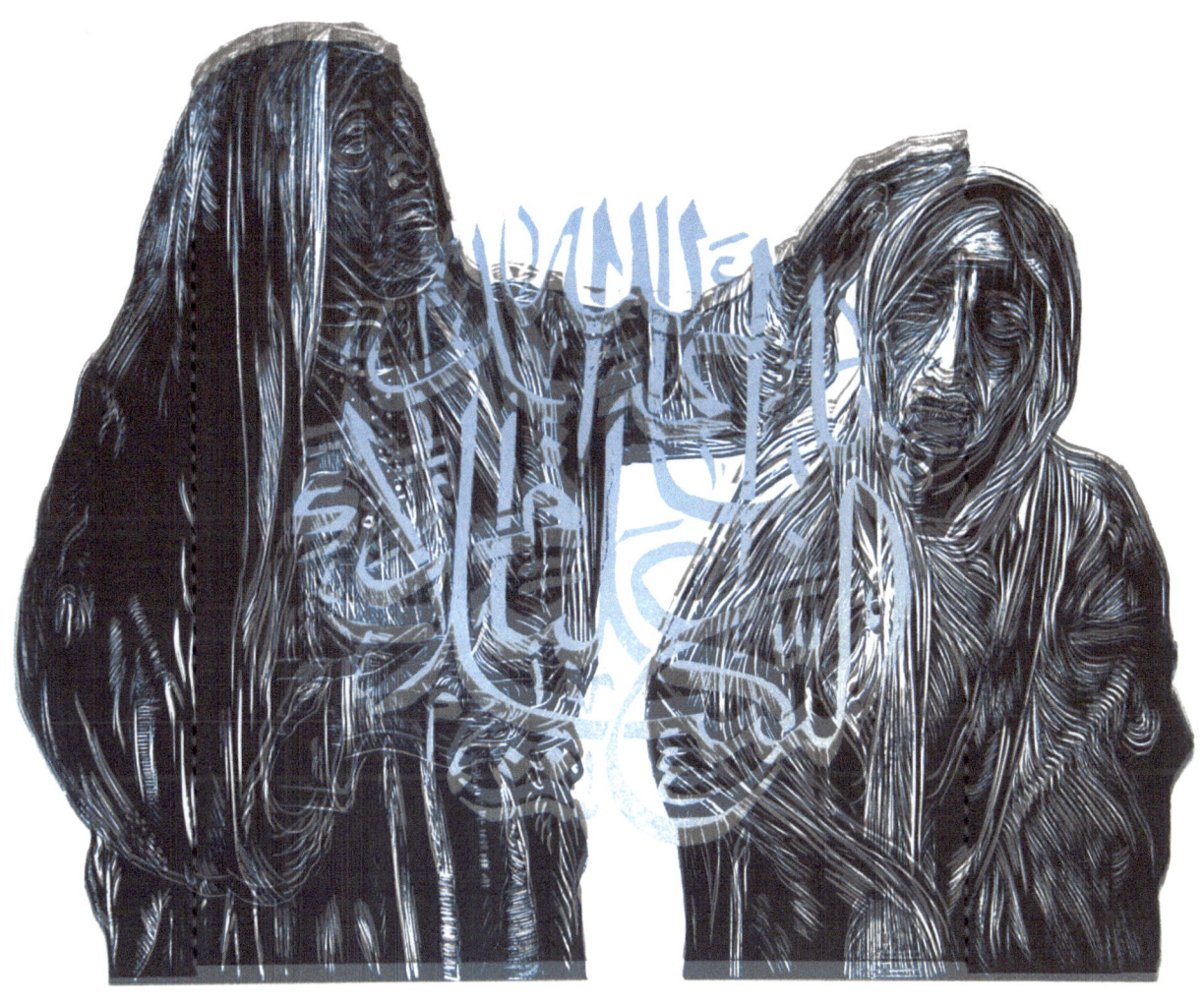

Ashoora 2018 - xilografia, cm 50x36

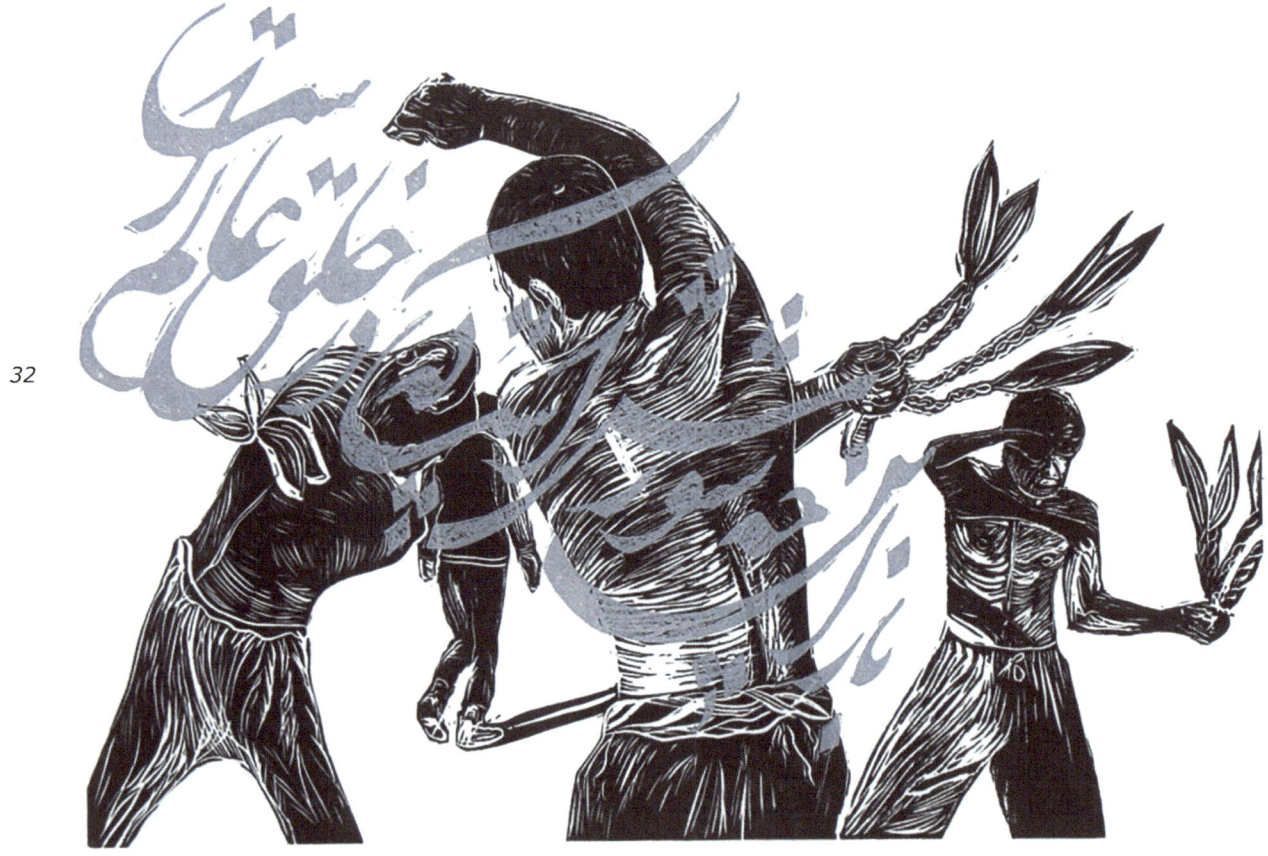

Ashoora 2018 - xilografia, cm 50x36

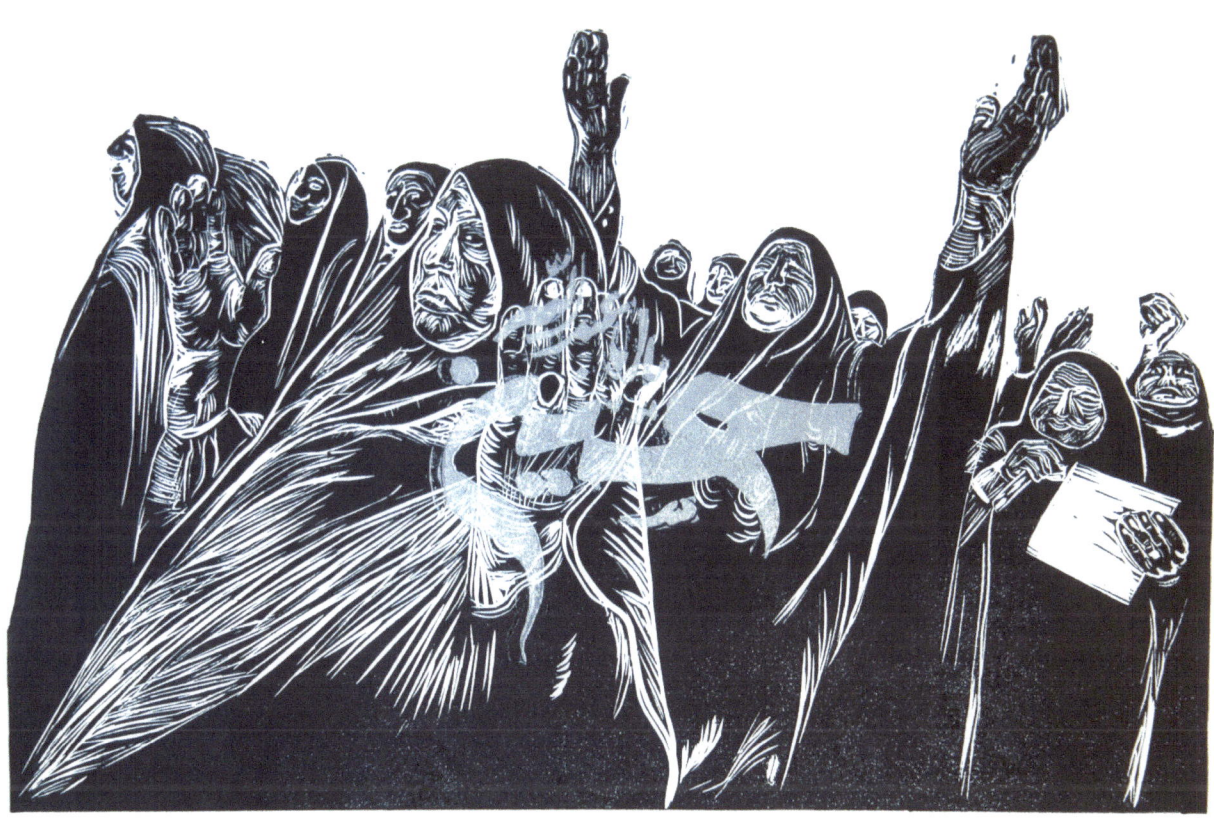

Ashoora 2018 - xilografia, cm 50x36

34

Bahar Hamzehpour

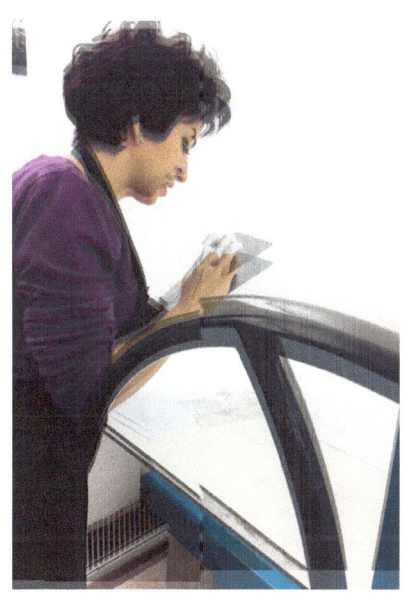

Nata a Tehran / IRAN nel 1980. Dopo aver conseguito la laurea in Biologia marina a Tehran, 2003 ha iniziato la sua esperienza artistica, diplomandosi in Grafica d'Arte all'Accademia di Belle Arti di Roma. Dal 2011 ad oggi concentra la sua attività sull'incisione. Segue il diploma accademico di primo livello in Grafica d'arte all'Accademia di Belle Arti di Roma, città dove vive e lavora da 3 anni. Attualmente lavora presso l'Accademia di Belle Arti di Roma come assistente e collaboratrice didattica. Abbraccia l'arte in tutte le sue forme e modalità d'espressione. Interessata sui temi sociali e questioni delle donne nella comunità maschilista.

Mostre personali

2018
La caduta
Sala Petrolini
Castel Gandolfo (Rm), Italia

2013
La Città di Vetro
Galleria ARTE
Tehran, Iran.

Mostre collettive

2018
9" *Rosso*, Studio Lab 138, Castel Gandolfo (Rm), Italia
9" *Rosso*, Palazzo Ruspoli, Nemi (Rm), Italia

2014
Collettiva di incisione, 7SAMAR, Tehran, Iran.
Quarta mostra di ridotte incisioni, Atelier CHAV, Tehran, Iran.
Prima mostra di incisione annuale, LALEH, Tehran, Iran.

2013
Saldo annuale dell'arte (-500), HOOM, Tehran, Iran.
Quarta mostra collettiva annuale di arte contemporanea a Sanandaj.
Mostra collettiva di incisione, 7SAMAR, Tehran, Iran.

2012
Il racconto senza parole, 7SAMAR, Tehran, Iran.
Il freddo testardo (instalation), MOHSEN, Tehran, Iran.

Un filo di perle
Mostra diffusa
8>18 marzo 2018
Pavona di Castel Gandolfo e Albano Laziale (Rm)

Tutte insieme per Un filo di Perle
Mostra collettiva
22>25 marzo 2018
Studio Lab 138 Pavona di Castel Gandolfo (Rm)

9" Rosso
Mostra concorso
9>30 settembre 2018
Studio Lab 138 Pavona di Castel Gandolfo (Rm)

iNcerto equilibrio
Stefano Alisi
Mostra personale
21 ottobre >11 novembre 2018
Studio Lab 138 Pavona di Castel Gandolfo (Rm)

9" Rosso - Nemi
Mostra concorso
10>18 novembre 2018
Studio Lab 138 - outdoor, Palazzo Ruspoli, Nemi (Rm)

Juanni Wang
Mostra personale
18 novembre>18 dicembre 2018
Studio Lab 138 Pavona di Castel Gandolfo (Rm)

La caduta
Bahar Hamzehpour
Mostra personale
26 novembre>2 dicembre 2018
Studio Lab 138 - outdoor, Teatro Petrolini, Castel Gandolfo (Rm)

www.ingramcontent.com/pod-product-compliance
Lightning Source LLC
Chambersburg PA
CBHW051935210526
45473CB00006B/2253